스크래치와 함께하는 **꾸러기**

Basic - 2

창의컴퓨팅교육연구소

목 차

활용방법

이 단원에서 공부할 학습목표를 나타냅니다.

여러분의 타자실력을 향상 시키는 표입니다.
오늘의 타자연습을 기록해 보세요.

Logical Thinking

컴퓨터를 켜고 끌 때 순서가 있답니다. 그 순서는 어떻게 될까요?

여러분의 미래 사고력을 향상시킬 수 있는 질문입니다.
다양한 생각을 시도해 보세요.

본 교재는 다음과 같은 학습단계로 이루어져있으며,
실습과 여러분의 생각과 표현을 통해 창의성을 향상시킬수 있게 만들었습니다.

실습을 통해 여러분의 생각을 열어 보세요

여러분의 생각을 여러가지 방법으로 표현해 보세요

여러분 만의 이야기와 작품을 만들어 보세요

☞ 교재 소스 다운로드

창의 컴퓨팅 연구소 홈페이지(www.ccel.co.kr)에 접속하여 상단에 있는 [교육자료] – [스크래치] – [꾸러기 놀이터 베이직 2]에서 교재 내용을 학습 하실 때 활용하시기 바랍니다.

Part. 1 컴퓨터에 내방 만들기

컴퓨터에도 수납공간이 필요합니다. 컴퓨터속의 수많은 파일을 보관하기 위해서는 폴더라는 방을 이용하여 컴퓨터를 정리하고 정돈할 수 있습니다.

▶ 새로운 폴더 만들기
▶ 폴더 이름 바꾸기
▶ 폴더 아이콘 변경하기

오늘의 타자 연습

날 짜	단 계	타 수	확 인

실행하기

새로운 폴더 만들기

컴퓨터에 자료를 입력하는 것을 파일이라 합니다. 파일을 모아 놓는 곳이 폴더입니다.

1. 바탕화면에서 마우스 오른쪽을 눌러 [새로 만들기] – [폴더]를 선택합니다.
2. 폴더이름을 '연습'이라고 입력하고 Enter⏎ 를 합니다.
3. 바탕화면에 [연습] 폴더가 만들어져 있는 것을 확인할 수 있습니다.

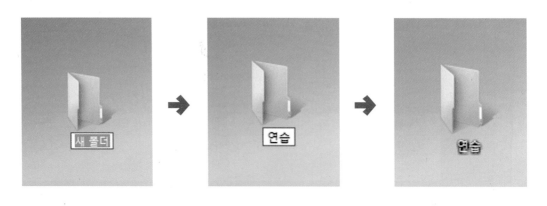

갖고 놀기

폴더 이름 바꾸기

1. 바탕화면에서 마우스 오른쪽을 눌러 [새로 만들기] – [폴더]를 만들어 보세요.
2. 폴더에서 마우스 오른쪽 – 이름 바꾸기를 선택하여 이름을 변경해 보세요.
3. 폴더에 '그림'으로 이름을 변경해 보세요.

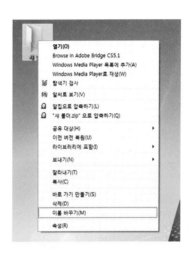

폴더 아이콘 변경하기

위의 폴더 아이콘을 변경하여 봅니다.
폴더에서 마우스 오른쪽 – [속성] – [사용자 지정] – [아이콘변경]에서 변경합니다.

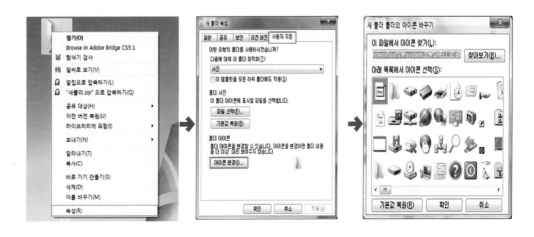

더 생각하기

바탕화면에 3개 폴더 만들고 이름 변경하기

   1. 내 폴더 만들기
   2. 친구 폴더 만들기
   3. 짝 궁 폴더 만들기

폴더 아이콘 바꾸기

   위의 3개 폴더에 아이콘 모양 변경해 봅니다.

Part. ② 파일 복사 및 이동하기

컴퓨터속의 수많은 파일을 보관하기 위해서는 폴더라는 방을 만들어
정리하고 관리하는 방법을 배워봅니다.

▶ 인터넷 그림 가져오기
▶ 원하는 폴더로 파일 이동하기
▶ 원하는 폴더로 파일 복사하기

오늘의 타자 연습

날 짜	단 계	타 수	확 인

실행하기

인터넷 그림을 가져오기

1. 인터넷 검색창에 좋아하는 과일 입력하고 검색 또는 Enter↵ 를 칩니다.

2. 이미지 창을 선택하면 과일 이미지 창이 나옵니다.

3. 좋아하는 과일에서 마우스 오른쪽 클릭하여 '다른 이름으로 사진 저장' 합니다.

4. 사진 저장창이 나오면 바탕화면을 선택하고 파일 이름에 과일이름을 입력하고 저장을 선택합니다.

5. 같은 방법으로 좋아하는 과일 3가지를 바탕화면에 저장합니다.

6. 같은 방법으로 좋아하는 음식 3가지를 바탕화면에 저장합니다.

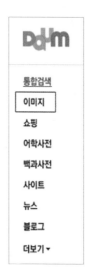

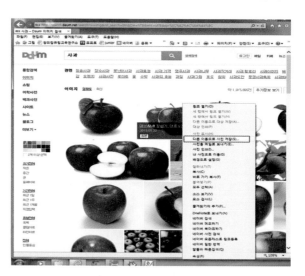

갖고 놀기

폴더 2개 만들기 - 폴더 이름 : 과일, 음식

1. 바탕화면에서 마우스 오른쪽 [새로 만들기] – [폴더]로 2개 만듭니다.
2. 폴더에 과일, 음식 각각의 이름을 붙여 줍니다.
3. 과일 폴더 방을 더블클릭하여 열어줍니다.
4. 바탕화면에 있는 과일 그림을 과일 폴더 방에 드래그하여 넣습니다.
5. 같은 방법으로 음식도 음식 폴더에 넣습니다.
6. 바탕화면의 그림이 폴더 방으로 이동한 것을 볼 수 있습니다.

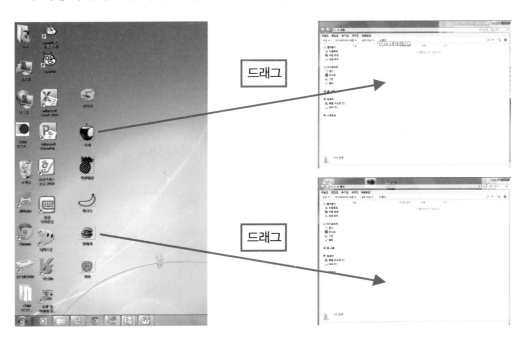

드래그

드래그

폴더 방으로 이동한 파일들

더 생각하기

음식 방과 과일 방을 바꾸어 보세요.

파일을 Ctrl 를 누르고 드래그하여 복사하여 넣어 보세요.

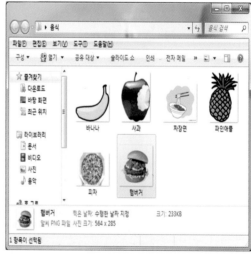

Part. 3   바로가기 아이콘 만들기

컴퓨터에서 내가 자주 사용하는 프로그램을 일일이 찾아서 열어볼 필요 없이 한 번에 실행시키기 위한 바로가기 아이콘을 만들어 봅니다.

▶ 바로가기 아이콘 만들기
▶ 파일이름 변경하기

오늘의 타자 연습

날 짜	단 계	타 수	확 인

 **실행하기**

바로가기 아이콘 만들기

1. [시작] – [모든 프로그램] – [보조프로그램] – [그림판] 메뉴에 마우스 포인터를 가져갑니다.

2. [그림판] 메뉴에서 마우스 오른쪽 단추를 눌러 [보내기] – [바탕화면에 바로가기 만들기] 메뉴를 클릭합니다.

 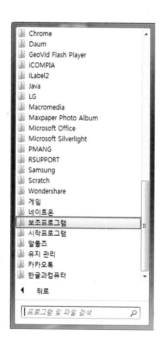 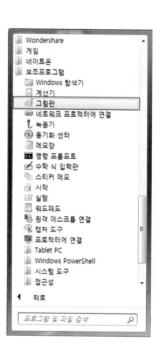

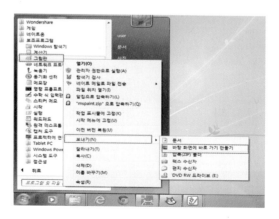

갖고 놀기

바로가기 아이콘 만들고 실행해보기

바탕화면에 '그림판' 바로가기 아이콘을 만들었습니다. 더블 클릭하여 그림판을 실행하여 보세요.

같은 방법으로 '메모장' 바로가기 아이콘을 만든 후 메모장을 실행하여 보세요.

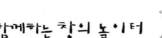

 더 생각하기

인터넷 주니어 네이버 바로가기 만들기

1. 인터넷 주니어 네이버에 들어갑니다.
2. 창을 작게 만듭니다.
3. 주소 줄이 있는 아이콘을 바탕화면으로 드래그 합니다.

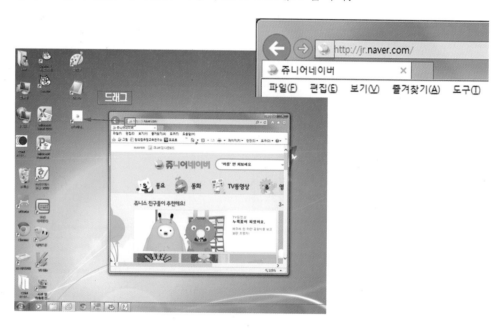

인터넷 주니어 네이버 바로가기 파일 이름 변경하기

주니어네이버 바로가기 아이콘에서 마우스 오른쪽 이름 바꾸기를 선택하여 '주니어'
라고 이름을 변경합니다.

 Tip!

바로가기 아이콘을 자세히 살펴보면 왼쪽 아래쪽에 화살표가 있습니다.

Part. 4　바탕화면아 놀자~~

바탕화면의 배경은 내 컴퓨터에 저장된 사진이나 단색 및 테마 등으로 변경할 수 있고 컴퓨터를 사용하지 않을 경우 화면을 어둡게 하거나 움직이는 그림으로 표시하여 모니터를 보호하는 화면보호기를 지정할 수 있습니다.

▶ 바탕화면 배경 그림 지정하기
▶ 화면보호기 지정하기

오늘의 타자 연습

날　짜	단　계	타　수	확　인

 실행하기

바탕화면 배경그림 설정해 봅니다.

1. 바탕화면에서 마우스 오른쪽 [개인설정] 메뉴를 클릭합니다.
2. Aero 테마의 '캐릭터'를 선택합니다.
3. 배경이 바뀌어 있는 것을 확인할 수 있습니다.

갖고 놀기

그림으로 배경 만들기

1. 바탕화면에서 마우스 오른쪽 [개인설정] 메뉴를 클릭합니다.
2. 바탕 화면 배경을 클릭합니다.
3. 찾아보기 – '폴더 찾아보기'에서 [라이브러리] 클릭 – [사진] 선택하고 확인을 클릭합니다.
4. 배경이 바뀌어 있는 것을 확인할 수 있습니다.

 더 생각하기

화면 보호기 설정하기

1. [화면보호기] 탭에서 '리본'을 선택하고 대기 시간을 1분 설정합니다.
2. 1분 동안 키보드와 마우스를 건드리지 않고 기다려 보면 화면보호기 '리본'이 실행됩니다.
3. 미리보기를 누르면 시간과 상관없이 실행 확인이 가능합니다.
4. 3차원 텍스트에 본인이름으로 만들어 보세요.

 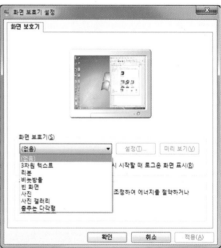

part. 5

여러 가지 보기 형식

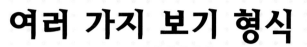

파일은 보는 형식에 따라 달리 볼 수 있습니다. 여러 가지 보기 형식을
지정하여 보고 숨어 있는 메뉴도 찾아봅니다.

▶ 파일의 여러 가지 보기 형식 지정하기
▶ 메뉴 모음 표시하고 숨기기
▶ 하위 메뉴 알아보기

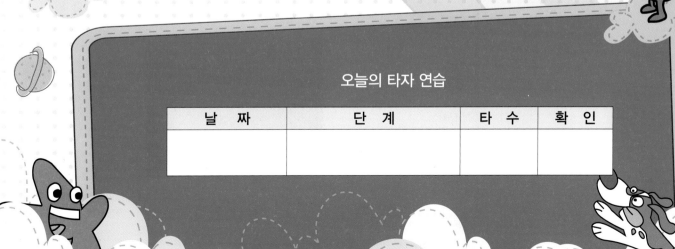

오늘의 타자 연습

날 짜	단 계	타 수	확 인

실행하기

파일 보기 변경하기

라이브러리의 [사진 샘플] 폴더를 더블클릭으로 실행합니다.

1. [보기] - [큰 아이콘] 메뉴를 클릭합니다. 또는

2. 기타옵션의 보기형식을 클릭합니다.

3. 보기 형식을 작은 아이콘을 클릭하고, 미리보기 창을 표시합니다.

보기 형식 변경하기

아래 [라이브러리] – [사진샘플]을 가지고 보기 형식을 클릭해 보고 어떻게 변하는
지 이야기 해 보세요.

1. 아주 큰 아이콘

2. 큰 아이콘

3. 보통 아이콘

4. 작은 아이콘

5. 목록

6. 자세히

7. 나란히 보기

8. 내용

더 생각하기

메뉴 모음 표시하고 숨기는 방법

[보기] - [상태표시줄] 메뉴 앞에
'∨' 표시가 생기도록 하여 상태 표시
줄을 표시합니다.

Tip!
메뉴 앞에 ∨ 표시는 한번 클
릭하면 표시되고 다시 한 번
클릭하면 표시를 숨깁니다.

하위 메뉴 표시 알아보기

메뉴의 '▶' 표시는 그 메뉴에 다른 메뉴가 있다는 말입니다.
메뉴의 '▶' 표시를 클릭하면 숨어 있는 다른 메뉴를 보여 줍니다.

Part.6 스크래치2.0과 친해지기

 스크래치란 미국의 메사추세츠공과대학(MIT)에서 개발한 프로그래밍 언어로 누구나 쉽게 이미지, 애니메이션, 사운드를 결합하여 다양한 프로그램을 만들 수 있습니다. 스크래치가 어떻게 생겼을까? 스크래치 구경하여 봅니다.

▶ 스크래치2.0 창 가지고 놀기
▶ 실행 창의 종류 알아보기

오늘의 타자 연습

날 짜	단 계	타 수	확 인

실행하기

스크래치2.0 화면에 대해 알아보기

스크래치2.0 화면이 이렇게 생겼구나!
왼쪽, 아래쪽, 가운데, 오른쪽 크게 4부분으로 나누어져 있네요.
그럼 슬슬 어떻게 구성되었는지 알아볼까요.

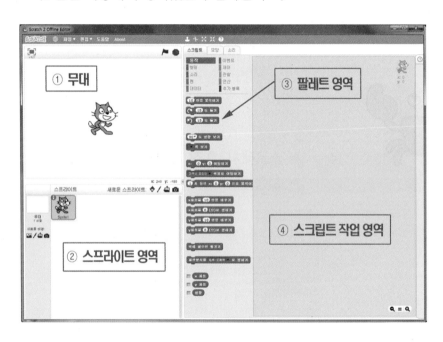

❶ 무대 : 내가 만든 프로그램이 어떻게 만들어 졌는지 확인하는 곳입니다.

❷ 스프라이트 영역 : 무대에 삽입된 배경과 스프라이트 등의 정보를 표시합니다.

❸ 팔레트 영역 : 스프라이트를 프로그래밍하기 위한 10개의 팔레트가 있습니다.

❹ 스크립트 작업 영역 : 명령 블록을 드래그하여 놓을 수 있는 창의 놀이터입니다.

Tip!

스크래치가 한글로 나오지 않을 경우

• 왼쪽 위에 있는 지구 본(🌐)을 클릭합니다.

• 메뉴가 펼쳐지면 맨 아래(▼)에 마우스 커서를 놓으면 여러 나라 언어가 나옵니다.

• 그중 한국어가 보이면 클릭합니다.

갖고 놀기

스크래치 무대 화면에 대해 알아보기

스크래치 무대 화면을 작게 크게 해 보세요
아래 스크래치 화면의 "◀"를 클릭하면 무대 창이 작아지고 다시 클릭하면 무대
가 커집니다.

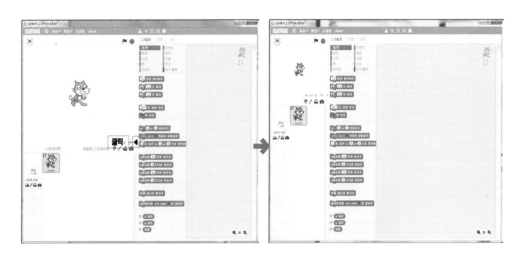

스크래치 무대를 아주 크게 해보세요. 어떻게 크게 했을까요?

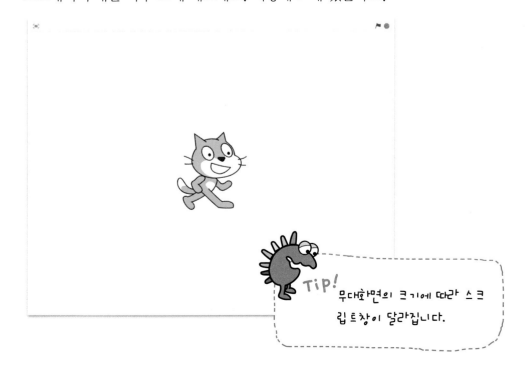

Tip!
무대화면의 크기에 따라 스크
립트창이 달라집니다.

스크래치 명령 블록 알아보기

스크래치 명령어에는 어떤 것들이 있으며 어떻게 사용하는지 알아봅시다.

1. 각각의 색깔을 가지고 있는 10개의 팔레트 입니다.

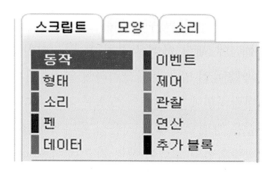

2. 다음 블록은 어느 팔레트에 있는 블록들일까요?

더 생각하기

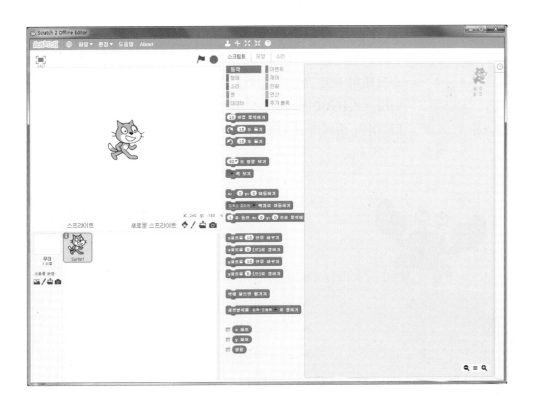

스크래치 화면에
고양이가 몇 마리
있을까?
왜 있을까?

Part. 7 스프라이트 가져오기

 스크래치 프로그램을 설치하고 스프라이트를 가져오는 방법을 배워봅니다. 스프라이트 저장소에는 여러 가지 종류의 스프라이트가 있답니다. 어떤 종류의 스프라이트가 있는지 알아봅니다.

▶ 스크래치 프로그램 설치하기
▶ 스프라이트 불러오기
▶ 스프라이트 형태고치기
▶ 스프라이트 색깔 바꾸기

오늘의 타자 연습

날 짜	단 계	타 수	확 인

실행하기

스크래치 사이트에 접속하여 스크래치2.0 오프라인 에디터 설치합니다.

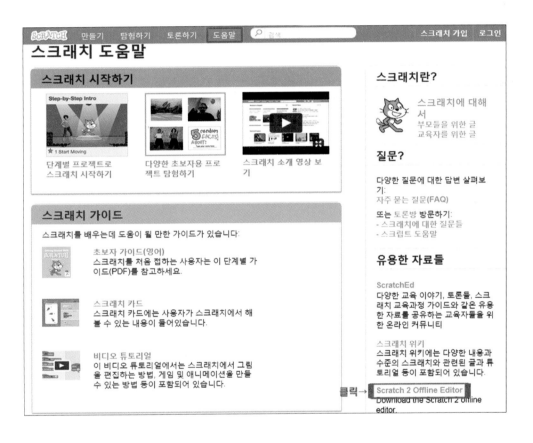

스크래치2.0 오프라인 에디터 설치 화면이 보입니다.

실행 버튼을 클릭하면 컴퓨터에 바로 설치 할 수 있고, 저장 버튼을 클릭하면 다운
을 받아 직접 설치할 수 있습니다.

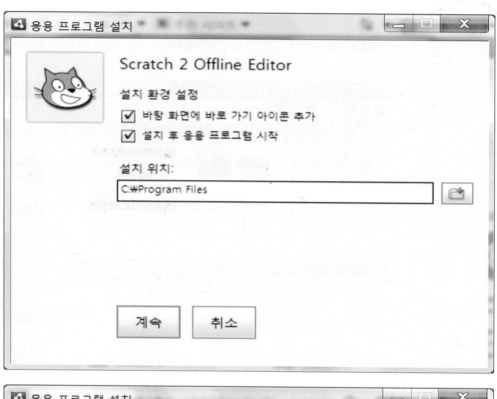

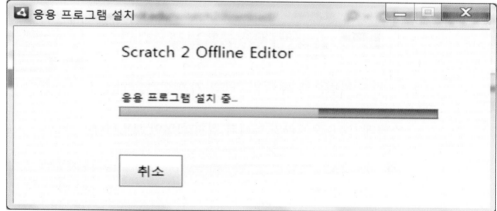

언어를 한국어로 바꾸어 줍니다.

갖고 놀기

스프라이트를 불러오는 방법을 알아보기

1. 스프라이트 불러오기 버튼을 클릭하면 다양한 스프라이트를 불러 올 수 있습니다.
2. 스프라이트 저장소에는 종류별로 스프라이트가 구분되어 있습니다.

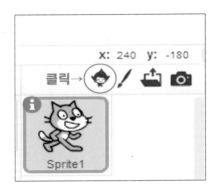

스크래치 그림판 사용 방법 알아보기

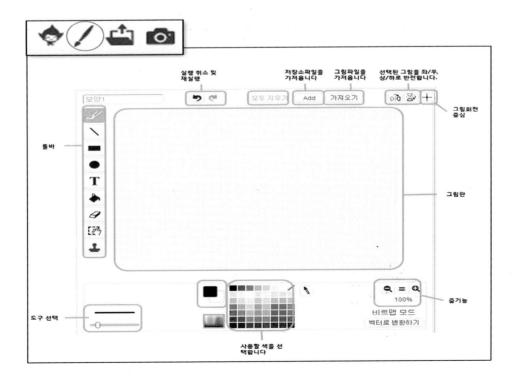

스프라이트 모양 탭 알아보기

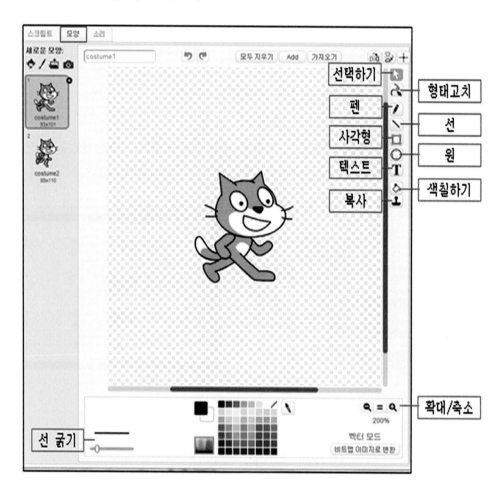

스프라이트 모양 탭 에서는

1. 스프라이트의 형태를 바꿀 수 있습니다
2. 스프라이트의 색깔을 바꿀 수 있습니다
3. 스프라이트를 확대/축소 할 수 있습니다.
4. 다른 활용 방법은 여러분이 찾아보세요.

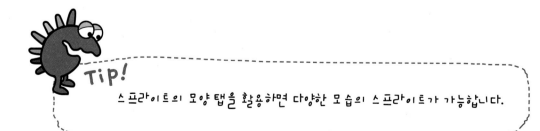

Tip!

스프라이트의 모양 탭을 활용하면 다양한 모습의 스프라이트가 가능합니다.

더 생각하기

스프라이트 모양 탭 활용하기

1. 스크래치 모양 탭에서 스프라이트의 모양을 바꿀 수가 있습니다.
2. 형태고치기(✏)를 활용하여 뿔난 고양이를 만들어 보아요.
3. 형태고치기를 선택하고 고양이 머리를 선택하면 고양이 머리 부분에 동그라미가 나타납니다.
4. 동그라미 부분에 마우스를 놓으면 색이 회색으로 변합니다. 그때 위로 드래그 합니다.

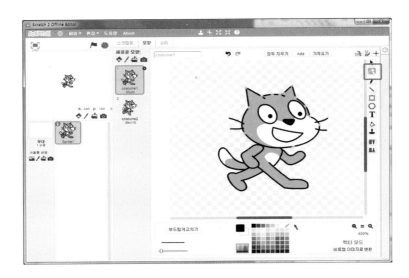

색상도 바꾸어 봅니다.`

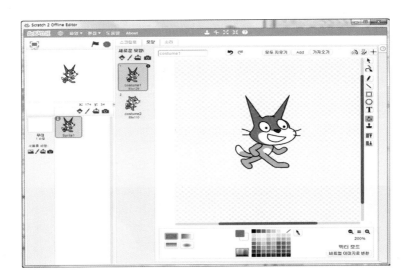

part. 8   스프라이트 이야기

이번시간에는 스크래치의 툴바를 배워 봅니다. 스프라이트를 확대하거나 축소, 또한 회전 할 수 있게 만들어 봅니다.

▶ 스크래치 툴바 알아보기
▶ 스프라이트 복사하고 삭제하기
▶ 스프라이트 크기 변경하기

오늘의 타자 연습

날 짜	단 계	타 수	확 인

실행하기

스크래치 툴바 알아보기

1. 무대 위쪽에 툴바라는 단추가 있어요.

2. 이 툴바 단추는 마술을 부린답니다.

3. 큰 고양이를 작은 고양이로 또는 거인 고양이로 마구마구 만들어 냅니다.

4. 너무 많으면 없애기도 한데요

5. 툴바가 마술을 부린 것처럼 우리도 마술을 하기 위해 툴바의 기능을 익혀 봅니다.

| 복사 | 삭제 | 확대 | 축소 |

· 복사하기( ) 고양이 스프라이트를 복사 합니다.

· 잘라내기( ) 고양이 스프라이트를 삭제 합니다.

· 확대하기( ) 고양이 스프라이트를 크게 확대합니다.

· 축소하기( ) 고양이 스프라이트를 작게 축소합니다.

· 스프라이트에서 마우스 오른쪽에서 복사 삭제 가능합니다.

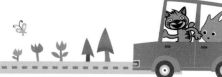

 갖고 놀기

스프라이트 크기 조절하기

· 툴바의 확대 하기, 축소 하기

· 툴바의 확대 하기, 축소 하기

· 툴바의 복사 하기, 삭제 하기

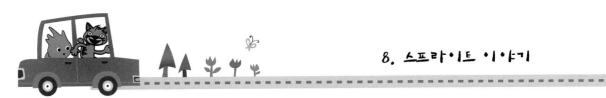
위의 툴바를 이용하여 아래와 같이 고양이를 복사하여 점점 작게, 크게 만들어 볼까요?

스프라이트로 작품 만들기

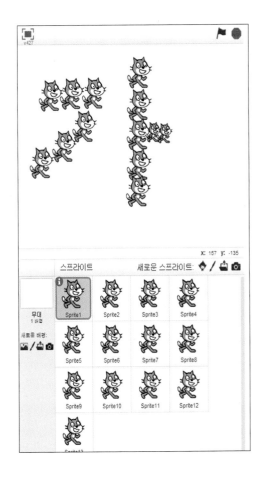

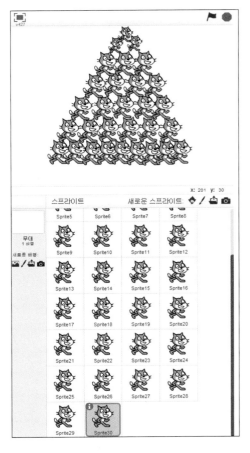

더 생각하기

스프라이트의 복사, 삭제, 확대, 축소를 배웠습니다.

다음과 같이 만들어 보세요.
1. 난장이 스프라이트를 만들어 보세요.
2. 거인 스프라이트를 만들어 보세요.
3. 7난장이와 7거인 만들어 보세요.

메모

여러분이 만들고 싶은 스프라이트를 만들어 보고 싶어요?

메모

Part. 9 순간 이동하는 고양이

이번시간에는 동작블록을 배워 봅니다. 고양이 스프라이트가 일정한 간격으로 이동할 수 있도록 프로그래밍을 만들어 봅니다.

▶ 스프라이트 방향을 설정해 보기
▶ 스프라이트의 이동경로를 생각해 보기
▶ 스크래치 동작블록을 활용해 보기

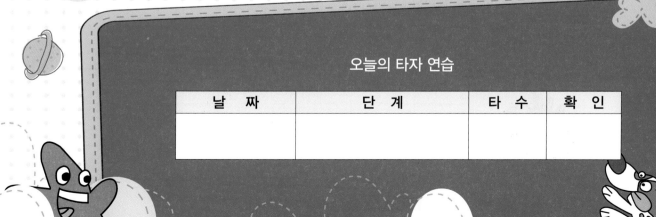

오늘의 타자 연습

날 짜	단 계	타 수	확 인

실행하기

스프라이트 정보(ⓘ 또는 info) 및 모양 확인

1. 고양이 스프라이트는 기본적으로 스프라이트 위치, 방향, 회전방식을 가지고 있습니다.
2. 그래서 블록을 사용하지 않고도 방향을 바꿀 수 있습니다.

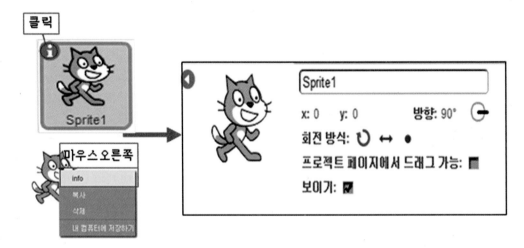

[동작]블록 움직이기

1. 오늘은 고양이가 한 발짝 걸음마를 걸어 움직이는 어려운 동작을 배우는 날입니다.
2. 동작 블록을 살펴보고 어떻게 이동 마술을 할 수 있는지 생각해 보세요.

이번시간에 배울 블록을 알아봅니다.

팔레트	명령 블록	설명
동작	10 만큼 움직이기	현재 위치에서 현재 방향으로 입력된 값 만큼 이동합니다.

Tip!

동작블록은 스프라이트의 움직임에 관련된 블록으로, 다른 블록의기본이 되기에 매우 중요한 명령블록입니다.

 갖고 놀기

고양이 훈련시키기

고양이가 현재 몇도 방향으로 보고 있을까요? 맞습니다. 우리 친구들이 찾았군요.
50° 방향으로 있습니다. 어떻게 알았나요? 선생님한테 말해보세요.

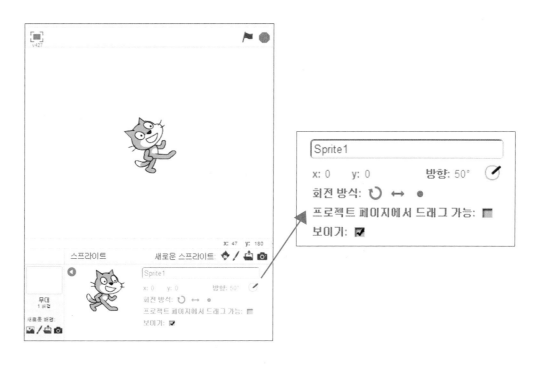

이제부터 고양이 훈련을 합니다. 아래와 같이 해보세요.

1. 고양이 방향을 돌려 보세요. (자유회전)
2. 고양이 방향을 한 바퀴 돌려도 좌우로만 돌아가게 해 보세요.(좌우회전)
3. 고양이를 한 바퀴 회전해도 고양이는 변화가 없게 해 보세요.(고정)
4. 프로젝트에서 페이지 드래그 기능을 사용해 보세요.
5. 고양이를 안 보이게 숨겨 보세요.
6. 짝 궁 친구와 방향 놀이를 해 보세요.

고양이 걸음마 하기

1. 블록 `10 만큼 움직이기` 을 동작블록에서 드래그로 가져와 더블 클릭해 보세요.
2. 고양이가 어떻게 움직이는지 관찰해 보세요.
3. 오른쪽으로 10씩 이동 합니다. 오른쪽으로 10만큼 움직이라는 명령블록 입니다.
4. 이 블록은 더블 클릭한 만큼 오른쪽 방향으로 이동할 수 있습니다.

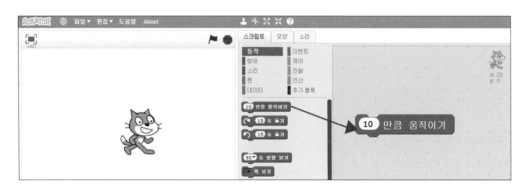

Logical Thinking

왜?~~~ 오른쪽으로 10만큼 이동할까요?
왼쪽 방향으로 이동하려면 어떻게 해야 할까요?
위, 아래로 이동하려면 어떻게 해야 할까요?

앞에서 배운 방향과 `10 만큼 움직이기` 를 활용하여 고양이 스프라이트를 아래 화살표 방향으로 움직이게 해 보세요.

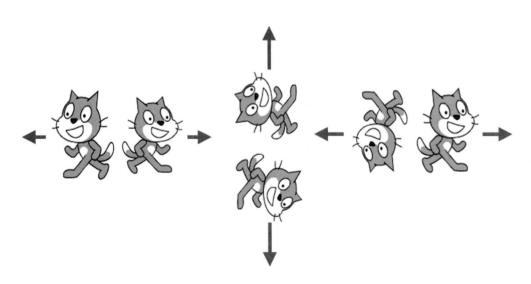

더 생각하기

동작블록으로 방향보기

스프라이트 정보 창으로 방향을 회전했는데 이번에는 동작블록인  으로 방향을 돌려서 앞으로 이동시켜 보세요.

아래 블록들을 클릭하여 보고 스프라이트가 어떻게 움직이는 적어보세요.

팔레트	명령 블록	설명
동작	90▼ 도 방향보기	스프라이트의 움직이는 방향 입력된 값으로 바꿉니다.

Tip!

스프라이트 방향은 오른쪽 90도, 왼쪽 -90도, 위 0도, 아래 180도 입니다.

블록 삭제하기

1. 블록 연결이 잘못되었거나 더 이상 필요 없어 삭제할 경우 블록을 팔레트 영역으로 드래그 합니다.
2. 블록 위에서 마우스 오른쪽 '삭제'를 클릭합니다.

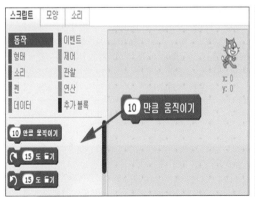
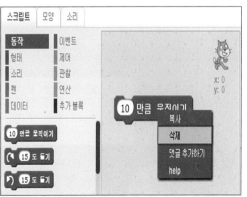

part. 10   안녕 반가워~~

이번시간에는 형태블록을 배워 봅니다. 스프라이트가 입력한 글자로 일정한 시간동안 무대에서 간단한 대화를 할 수 있습니다.

▶ 스크래치의 형태블록에 쓰임을 배워보기
▶ 스프라이트의 대화를 만드는 방법 알아보기

오늘의 타자 연습

날 짜	단 계	타 수	확 인

실행하기

[형태]블록 말하기

1. 형태블록은 스프라이트의 모양에 관련된 블록으로, 스프라이트 크기, 애니메이션과 그래픽효과에 관련된 블록으로 스프라이트가 말을 하고 생각을 하는 표현을 만들 수 있습니다.
2. 형태블록을 사용하여 새로운 친구에게 대화하는 장면을 만들어 보려고 합니다.
3. 우리 친구가 새 친구와 인사를 잘 할 수 있게 같이 만들어 보세요.

이번시간에 배울 블록을 알아봅니다.

팔레트	명령 블록	설명
형태	Hello! 을(를) 2 초동안 말하기	입력한 내용을 말풍선을 이용하여 지정된 시간 동안 무대에 보여 줍니다.

고양이 인사하기

이 블록 Hello! 을(를) 2 초동안 말하기 를 형태블록에서 드래그로 가져와 더블 클릭해 보세요.
어떤 말이 나오나요? 맞았어요. 'Hello!'이라고 인사말이 2초 동안 나오고 사라집니다. 왜 사라 질까요?
다른 말을 하고 싶을 때는 'Hello!'를 지우고 글자를 입력하면 됩니다.
여러분은 어떤 말을 하고 싶나요?

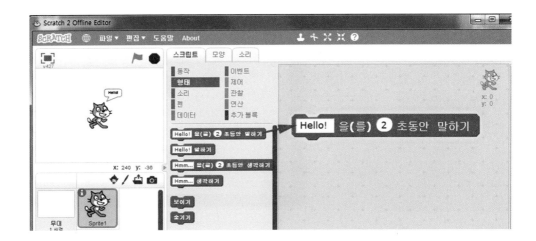

 갖고 놀기

형태블록을 이용하여 말을 하고 생각을 표현하는 방법을 배웠습니다.
친구에게 하고 싶은 말이 있으면 여러분이 말하기를 입력해 표현해 보세요.

Hello! 을(를) 2 초동안 말하기 블록을 여러 개 붙여 내 소개를 표현해 보세요.

1. "안녕" 말하기
2. 내 소개 말하기
3. 새로 사귄 친구 이름 말하기
4. 내 짝꿍 이름 말하기
5. 우리 선생님 이름 말하기

새로운 스프라이트 추가하기

새로운 스프라이트를 추가하려면 '저장소에서 스프라이트 선택'을 클릭합니다.

새로운 스프라이트 추가하기

1. 새로운 스프라이트를 추가하려면 '저장소에서 스프라이트 선택'을 클릭합니다.
2. 스프라이트 저장소 대화상자가 나오면 '동물'을 선택하여 '나비(Butterfly2)'를 선택한 후 '확인' 단추를 클릭합니다.

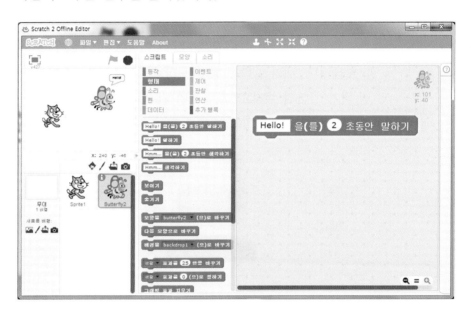

고양이와 나비가 새롭게 만나게 되는 친구군요. 두 친구가 서로 반갑게 인사를 나누겠지요. 두 친구의 첫 만남을 여러분이 어떤 이야기로 만들어야 할지 만들어 보세요.

메모

Logical Thinking

대화를 해 보았나요? 친구와 같이 말을 하고 있네요. 서로 대화하는 것처럼 말을 하려면 어떤 블록이 필요 할까요?

 더 생각하기

[제어]블록

전화를 해서 이야기를 주고받는다면 여러분은 어떻게 대화를 하나요?
그렇습니다. 내가 말하는 동안은 상대방이 기다려 주지요. 또한 상대방이 말을 한다
면 내가 기다려 주지요. 그렇다면 기다린다는 것은 시간과 관계가 있겠지요?
기다린다는 것을 블록을 통해서 표현해 보세요.

팔레트	명령 블록	설명
제어	1 초 기다리기	지정된 시간만큼 기다렸다가 다음 블록을 실행
	클릭했을 때	클릭하면 스크립트를 실행 합니다.

아래 블록을 실행시켜보고 차이점은 무엇일까요? 적어 보세요.

팔레트	명령 블록	설명
제어	Hmm... 을(를) 2 초동안 생각하기	
	Hello! 말하기	

Tip!

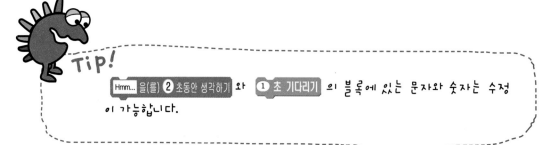

Hmm... 을(를) 2 초동안 생각하기 와 1 초 기다리기 의 블록에 있는 문자와 숫자는 수정
이 가능합니다.

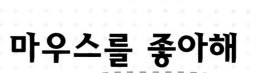

Part.11   마우스를 좋아해

이번시간에는 이벤트 블록을 배워 봅니다. 이벤트 블록 중 '클릭했을 때' 블록은 코딩되어 있는 스크립트 블록을 실행시킬 수 있는 명령 불록 입니다.

▶ 스크래치 이벤트 블록의 실행 명령을 배워보기
▶ 마우스 쪽으로 움직이게 하는 방법을 알아보기
▶ 무대 가져오기

오늘의 타자 연습

날 짜	단 계	타 수	확 인

실행하기

[이벤트] 클릭되었을 때

1. 이벤트 블록은 스프라이트들이 움직일 수 있게 하는 명령 블록입니다
2. 여기서는 무엇으로 시작할까 하는 명령 중 '클릭할 때' 와 '스페이스 키를 눌렀을 때'의 시작하는 명령을 해보겠습니다.
3. 이 명령 블록은 혼자는 실행이 되지 않습니다. 누군가와 같이 있어야 실행이 됩니다.

이번시간에 배울 블록을 알아봅니다.

팔레트	명령 블록	설명
제어	클릭했을 때	클릭하면 스크립트를 실행 합니다.
	스페이스 ▼ 키를 눌렀을 때	스페이스 키를 눌렀을 때 스크립트를 실행 합니다.
동작	마우스 포인터 ▼ 쪽 보기	스프라이트가 마우스 쪽을 바라봅니다.

먼저 배경을 꾸며 봅니다. - [무대] 가져오기

새로운 배경 '저장소에서 배경선택'에서 [모두] – 'beach malibu'를 선택합니다.

갖고 놀기

[이벤트] 팔레트의 ⬭스페이스 ▼ 키를 눌렀을 때 와 [동작] 팔레트의 마우스 포인터 ▼ 쪽 보기 을 스크립트 영역으로 드래그하여 블록과 블록끼리 붙입니다.

1. 마우스를 바다 쪽에 위치시키고 스페이스 키를 누르면 어떻게 될까요?
2. 마우스를 움직여가며 스페이스 키를 눌러보세요. 고양이의 모습은 어떠할까요?

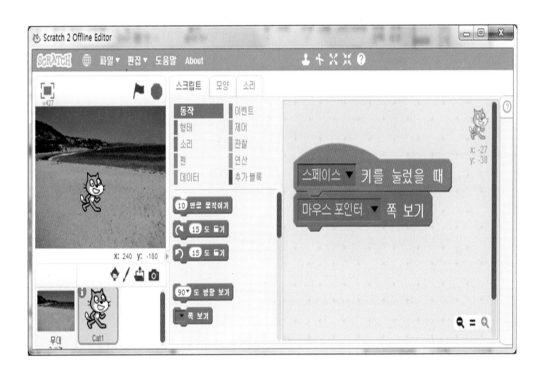

Tip!

블록 쌓기
블록에 다른 블록을 가까이 가져가면 하얀 선이 생깁니다. 그때 놓으면 블록과 블록이 붙습니다.

새로운 스프라이트 추가한 후 마우스 쪽 보기

새로운 스프라이트의 '저장소에서 스프라이트'에서 [바다속] – 'Starfish',
[동물] – 'Butterfly1' 를 가져옵니다.

1. 고양이와 같은 블록을 다른 스프라이트에도 만듭니다.
2. 3개의 스프라이트들이 스페이스 키를 누르면 어떻게 될까요?

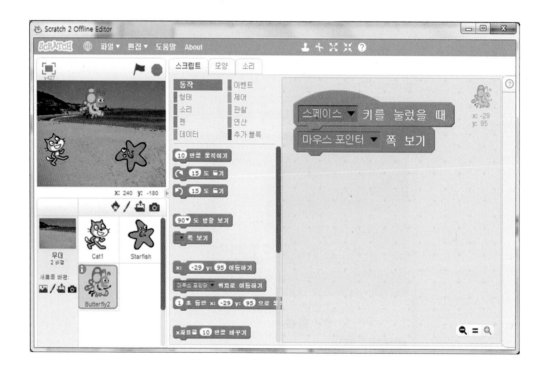

[동작] 팔레트의 ⟨10 만큼 움직이기⟩ 블록 위의 블록에 연결한다면 스프라이트들의 움직임
이 어떤 모습으로 바뀔까요?

메모

더 생각하기

새로운 스프라이트의 '저장소에서 스프라이트'에서 [바다 속] – 'Starfish'를 가져
옵니다.

1. 초록 깃발을 클릭하면 '마우스 쪽보고 움직여봐~~' 말하면 마우스 쪽을 보면서
   불가사리(Starfish) 스프라이트가 100만큼 움직이는 장면을 연출하려 합니다.
   아래 블록들을 순서에 맞게 맞추어 보세요.

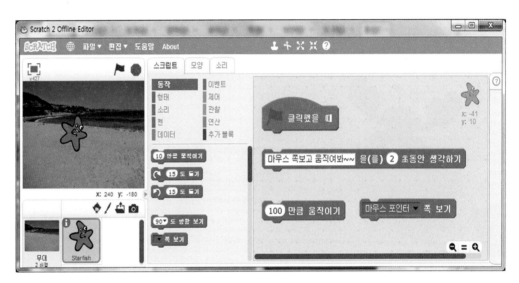

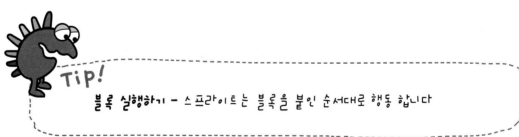

블록 실행하기 – 스프라이트는 블록을 붙인 순서대로 행동 합니다

2. 블록을 맞추어 실행을 시켜 보았나요? 그러면 이번에는 순서를 바꾸어 다시 맞추
   고 실행 시켜본 후 1번과 2번을 서로 비교해 보고 이야기 해보세요.

메모

Part.12

종합평가

▶ 무대 꾸미기
▶ 자동차 경주하기
▶ 평가하기

오늘의 타자 연습

날 짜	단 계	타 수	확 인

실습예제

1. 무대 배경과 바다 속 스프라이트로 만들기

2. 자동차 경주

마법의 경주를 하려고 합니다. 마법사의 준비~땅하면 교통수단인 자동차, 헬기가 출발하여 벽에 닿으면 '내가 1등' 말하며 들어옵니다. 각각의 자동차와 헬기에 움직이는 동작을 서로 다르게 넣어서 만들어 보세요. 누가 이겼으면 좋을까요?

사용할 블록 : 스페이스 키를 눌렀을 때, 10만큼 움직이기, 2초 동안 말하기

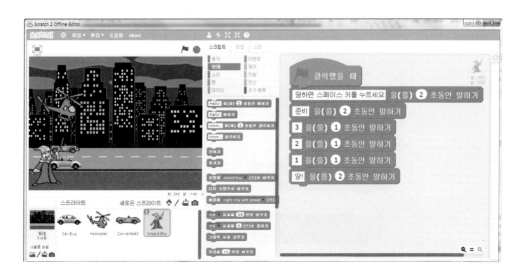

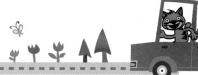

평가 문제

1. 다음 빈칸에 들어갈 스크래치 화면 구성요소를 알맞게 적어보세요.

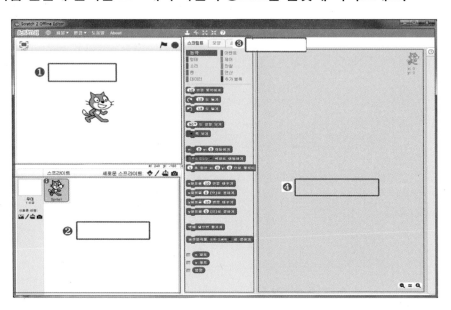

2. 다음 블록은 어느 팔레트에 있는 블록일까요?

Part.13 도화지에 사각형 그리기

이번시간에는 펜 블록을 배워 봅니다. 펜 블록 중 '펜 내리기'와 '펜 올리기' 블록으로 스프라이트가 지나간 길을 만들어주는 블록입니다.

▶ 펜을 이용하여 그림을 그리는 방법에 알아보기
▶ 도화지에 다각형 그리는 방법 알아보기

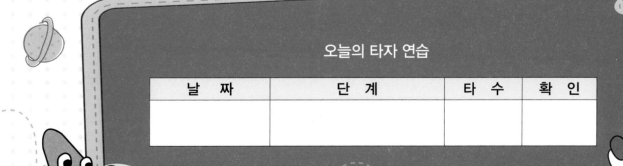

오늘의 타자 연습

날 짜	단 계	타 수	확 인

 실행하기

[펜] 내리기와 올리기

1. 펜 블록은 다양한 그림을 그리는 블록입니다.
2. 스프라이트가 지나간 흔적을 표현해 주는 블록을 배우게 됩니다.
3. 펜 블록을 이용하여 스크래치에서 도화지에 그림을 그리듯 여러분이 원하는 모양을 그려보도록 합니다.

이번시간에 배울 블록을 알아봅니다.

팔레트	명령 블록	설명
펜	펜 내리기	그림을 그리기 위해 펜을 내립니다.
	펜 올리기	그림 그리기를 멈추기 위해 펜을 올립니다.
	지우기	펜으로 그린 그림을 지웁니다.

오늘은 펜 블록을 펜 내리기 을 이용하여 그림을 그려 보려합니다.

펜 내리기 을 더블 클릭하면 무슨 변화가 있을 까요?

여러분도 한번 해 보세요. 어떠하였나요?

정답입니다 아무변화가 없습니다. 그림 그릴 준비가 되어 있을 뿐입니다.

여러분은 도화지에 그림을 그리려고 색연필을 들었습니다. 색연필 들었다고 그림이 그려지나요? 색연필 친구인 도화지가 있어야 그림을 그리겠죠!

이 블록 는 혼자는 아무것도 할 수 없습니다. 그래서 같이 할 수 있는 친구가 필요해요 어떤 친구가 필요할까요?

동작블록인 10 만큼 움직이기 과 같이 그림을 그려 보겠습니다.

갖고 놀기

1. 블록 펜 내리기 을 펜 블록에서 드래그로 가져 옵니다.
2. 블록 10 만큼 움직이기 을 동작블록에서 드래그로 가져 옵니다.
3. 현 위치에서 스페이스 ▼ 키를 눌렀을 때 를 누르면 10만큼 이동하며 선을 그려 봅니다.

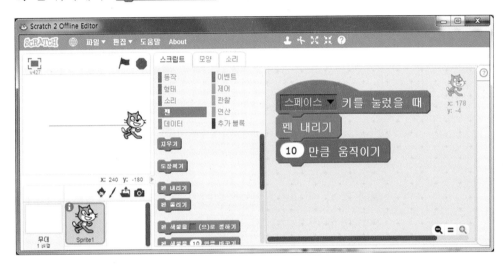

Logical Thinking

선을 길게 그리려면 어떻게 해야 할까요? 선을 짧게 그리려면 어떻게 해야 할까요

펜 블록을 이용하여 선을 그리는 방법을 배웠습니다. 다음의 선을 만들어 보세요.
100, 200, 300의 선을 그어 보세요.

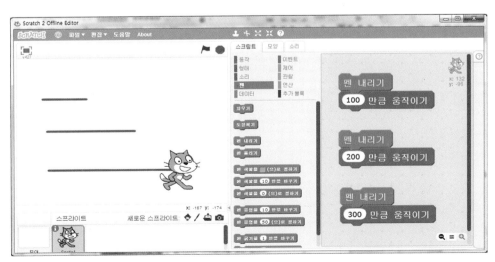

점선 만들기

펜 내리기 와 펜 올리기 블록으로 점선을 만들어 봅니다.

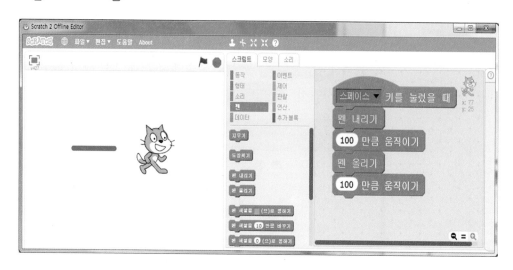

위와 같이 펜 내리기와 펜 올리기 블록을 사용하였더니 선이 그어지다 말았습니다. 선이 앞쪽 반은 그려졌는데 뒤쪽 반은 안 그려졌네요. 왜 그럴까요? 여러분이 말해 보세요.

메모

펜 블록으로 열심히 그림을 그렸습니다. 다시 그리려고 했더니 그린 흔적이 그대로 남아 있습니다. 어떻게 해야 지우고 다시 그림을 그릴 수 있을 까요?
펜 블록 중 어떤 블록을 사용해야 될까요?

메모

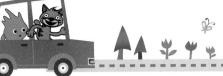

더 생각하기

펜으로 그림을 그리다 보면 색깔이 기본색인 파랑으로 나옵니다.

파란 펜의 색상을 색을 바꾸면서 그림을 그릴 수 있습니다.

팔레트	명령 블록	설명
펜	펜 색깔을 10 만큼 바꾸기	지정된 색을 입력된 값만큼 바꿀 수 있습니다.

'펜' 블록을 이용하여 사각형을 그리는 프로젝트를 만들어 봅시다.

여러분이 그릴 사각형은 한 변의 색깔이 바뀌면서 실행되도록 할 것입니다.

Logical Thinking

- 사각형 변의 색깔을 알록달록하게 바꾸려면 어떤 블록을 사용해야 될까요?
- 가로 선을 그린 후 세로 선을 그리기 위해서는 어떤 블록이 들어가야 할까요?
  [동작] 블록에서 찾아보세요.

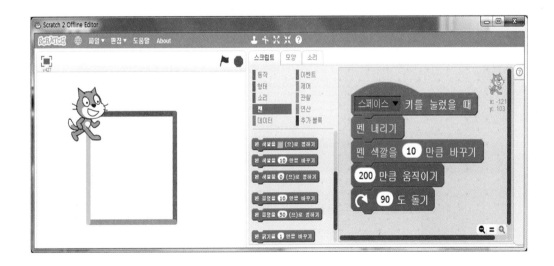

나는야 수학박사

이번시간에는 연산 블록을 배워 봅니다. 숫자가 커지면 계산이 어려워지는데요. 스크래치를 통해 빠르게 계산할 수 있어요 여러분들도 스크래치를 통해 수학 천재가 되어 보아요.

▶ 연산 블록을 활용해 스크래치로 계산하는 방법 알아보기
▶ 연산으로 계산된 값을 표현하기

오늘의 타자 연습

날 짜	단 계	타 수	확 인

실행하기

[연산] 더하기 빼기

1. 연산 블록은 더하기 빼기를 할 수 있는 블록입니다.
2. 여러분은 학교에서 수학 시간에 더하기, 빼기를 배웠죠?
3. 숫자가 커지면 계산이 어려워지는데요. 스크래치를 통해 빠르게 계산할 수 있어요. 여러분들도 스크래치를 통해 수학 천재가 되어 보아요.

이번시간에 배울 블록을 알아봅니다.

팔레트	명령 블록	설명
연산	+	두수의 합을 구할 수 있습니다.
	-	두수의 차를 구할 수 있습니다.

블록을 더블클릭하면 결과 값을 알 수 있습니다.

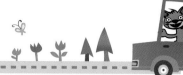

갖고 놀기

1. 연산 팔레트에서 을 드래그하여 가져 옵니다.
2. 안에 숫자 2를 입력합니다.
3. 2+2 을 더블클릭하면 값이 4로 나옵니다.

다른 수를 입력하고 더블 클릭해 보세요. 어떤 수가 나오나요?

그런데 결과 값이 고양이한테는 나오지 않습니다. 왜 안 나올까요?

고양이가 2+2 값이 4라고 대답하려면 어떤 블록이 필요한가요?

메 모

다음과 같이 계산해봅니다.

연산 팔레트의 를 이용하여 더하기를 해보세요.

1. 9+4=
2. 12+7=
3. 여러분이 더하고 싶은 두 수를 더하여 보세요.
4. 고양이가 대답을 하게하려면 어떻게 할까요?

더 생각하기

지난 시간에 배운 형태 팔레트의 Hello! 을(를) 2 초동안 말하기 과 같이하면 어떤 모습이 나올까요?

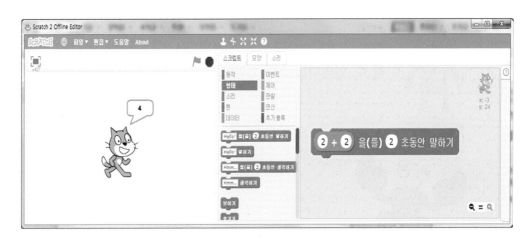

●+● 의 '+' 부분에서 마우스 오른쪽을 클릭하면 '+', '−', '*', '/'를 선택하여 계산할 수 있습니다.

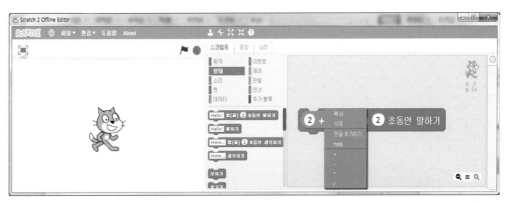

part.15 소리를 만들어 봐요!!

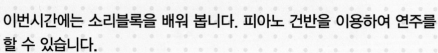

이번시간에는 소리블록을 배워 봅니다. 피아노 건반을 이용하여 연주를 할 수 있습니다.

▶ 소리명령 블록을 이용하여 소리를 만들어 보기
▶ 스크래치로 피아노 연주하기

오늘의 타자 연습

날 짜	단 계	타 수	확 인

실행하기

[소리] 피아노 연주하기

1. 소리팔레트는 동물소리, 악기소리, 건반 소리등 다양한 소리를 낼 수 있습니다.
2. 오늘은 친구들이 피아노 소리를 내며 연주해 봅니다.
3. '도레미파솔' 그 소리에 맞게 스프라이트에 피아노 건반 소리를 넣어 보세요.

이번시간에 배울 블록을 알아봅니다.

팔레트	명령 블록	설명
연산	60▼ 번 음을 0.5 박자로 연주하기	지정된 음을 지정된 박자로 연주합니다.

피아노 건반마다 음 지정하기

Tip!
피아노 낮은 C(48) 스프라이트를 클릭하면 48번 음계(낮은 도)가 선택됩니다.

갖고 놀기

함께 문제 풀어보기

1. 무대 'stage2' 와 스프라이트 'Bell' 를 가져옵니다.
2. 이벤트 팔레트의 `이 스프라이트를 클릭했을 때` 블록와 소리 팔레트의 `60 ▼ 번 음을 0.5 박자로 연주하기`
 을 가져옵니다. 60번 음을 48번으로 바꾸어 줍니다.

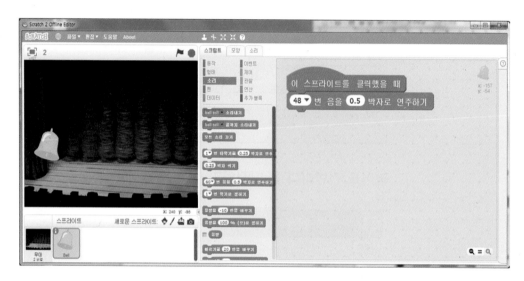

Bell 스프라이트를 복사하여 각각의 음계(도, 레, 미, 파, 솔)로 바꾸어줍니다.

더 생각하기

각각의 벨 스프라이트에 8개의 음(도, 레, 미, 파, 솔, 라, 시 도) 설정하기

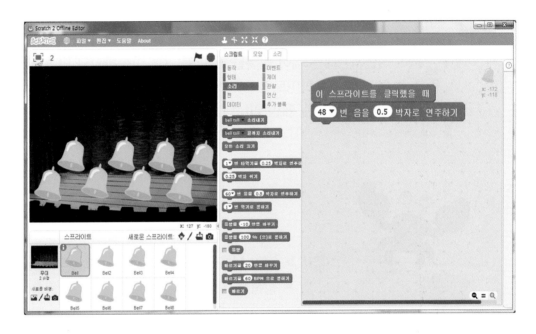

위의 계이름블록 스프라이트에서 '똑같아요' 악보보고 놀아보세요.

도미솔 도미솔 라라라 솔
파파파 미미미 레레레 도

part.16 친구이름 불러주기

이번시간에는 제어 블록을 배워 봅니다. 방송하기와 방송받기를 이용하여 특정 스프라이트의 스크립트를 실행하는 블록으로 친구 이름을 불러서 호출해 보는 게임 입니다.

▶ 제어 블록을 활용해 스크래치 고급 기술 알아보기
▶ 방송하기를 이용하여 다른 스프라이트를 호출 하는 방법 알아보기

오늘의 타자 연습

날 짜	단 계	타 수	확 인

실행하기

[이벤트] 방송하기 방송받기

1. 제어블록은 스프라이트들이 움직이게 명령하고 조정하는 블록입니다
2. 이번시간에는 한 스프라이트에서 다른 스프라이트를 제어 할 수 있는 "방송하기" 를 배웁니다.
3. 오늘은 제어블록을 이용하여 다른 스프라이트를 움직이게 만들어 보겠습니다.
4. 우리도 학교에서 '운동장으로 나오세요' 하고 방송하면 여러분은 어떻게 하나요? 방송 소리를 듣고 운동장으로 나가겠지요.
5. 여기서도 [message1 ▼ 방송하기] 블록은 [message1 ▼ 을(를) 받았을 때] 블록과 짝을 이루어 실행됩니다.

이번시간에 배울 블록을 알아봅니다.

팔레트	명령 블록	설명
이벤트	message1 ▼ 방송하기	스프라이트에 지정된 메시지를 방송합니다.
	message1 ▼ 을(를) 받았을 때	방송하기를 받았을 때 해당 명령 블록에 스크립트를 실행 합니다.
	이 스프라이트를 클릭했을 때	이 스프라이트를 마우스로 클릭하면 작성된 스크립트를 실행합니다.
형태	숨기기	스프라이트를 무대에서 보이지 않도록 숨깁니다.
	보이기	스프라이트를 무대에서 보이게 합니다.

갖고 놀기

1. 이벤트 팔레트에서  방송하기 을 드래그하여 가져 옵니다.

2. 방송하기의 message1 를 클릭하면 '새 메시지'가 나옵니다.

3. '새 메시지'를 클릭하여 메시지 이름 창이 나오면 "나비야 나와"를 입력하고 확인
   을 클릭하여 방송 메시지를 만듭니다.

4. 이벤트 팔레트에서 message1 을(를) 받았을 때 을 드래그하여 가져 옵니다.
   message1 을(를) 받았을 때 를 클릭하여 나비야 나와 을(를) 받았을 때 를 선택합니다.

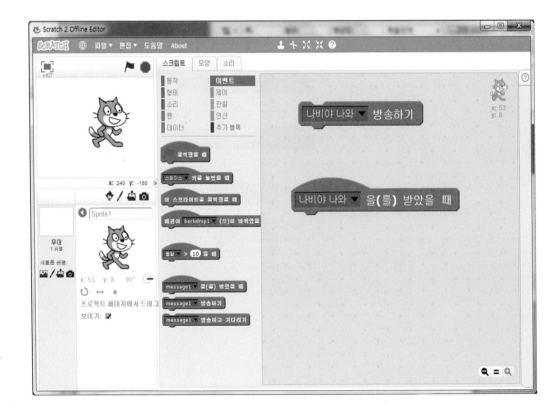

[형태] 숨기기 보이기

1. 고양이와 나비 스프라이트를 가져옵니다.
2. 나비 스프라이트는 클릭 되었을 때 스프라이트 보이지 않게 숨깁니다.나비 친구가 꼭꼭 숨어 있네요.
3. 고양이 스프라이트를 클릭하면 호출 명령인 방송하기 새 메시지에 '나비야 나와'를 방송하고 나비 스프라이트가 방송을 받으면 나비 스프라이트를 보이게 해 주세요.

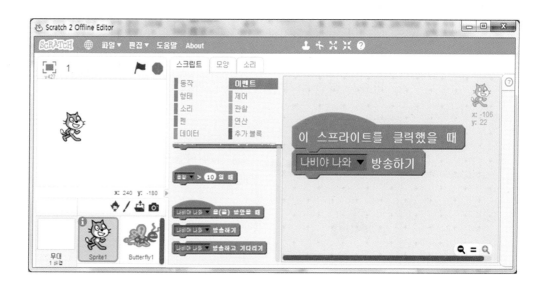

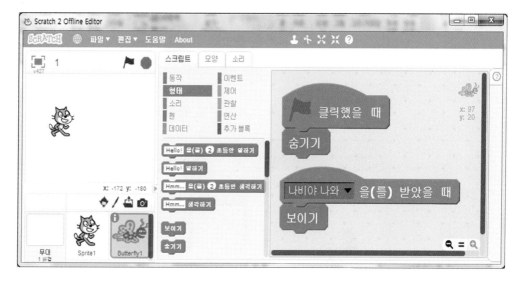

더 생각하기

이벤트 팔레트의 방송하기로 다른 스프라이트를 불러오는 방법 배웠습니다.

1. 고양이 스프라이트와 축구공 스프라이트를 가져옵니다.

2. 고양이 스프라이트에 "발로차기" 방송하기를 넣어 보겠습니다.

3. 축구공 스프라이트에 "발로차기" 받을 때를 넣어 보겠습니다.

4. 방송하고 방송을 받았는데 축구공이 움직이게 하려면 어떻게 해야 할까요?

5. 네! 맞습니다. 지난 시간에 배운 동작 팔레트의 "10만큼 움직이기" 블록을 사용하면 되겠네요. (숫자는 몇으로 바꾸어 볼까요?)

6. 방송을 하면 누가 움직이는 걸까요?

축구공 스프라이트의 스크립트를 완성해보세요.

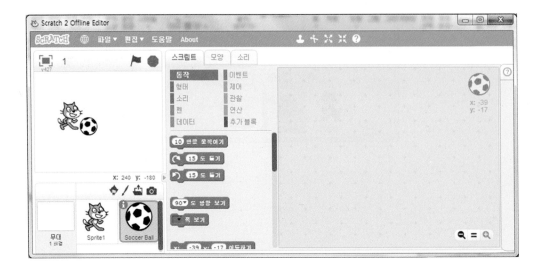

part.17 가젯 과 스티커 메모

스티커 메모는 포스트잇 프로그램과 같은 역할로 유용하게 사용할 수 있는 기능입니다. 간단한 메모 내용을 바탕화면에 기록하여 약속을 잊지 않도록 해주는 편리한 기능입니다.

▶ 가젯을 바탕화면에 표시하기
▶ 스티커 메모 프로그램 사용하기

오늘의 타자 연습

날 짜	단 계	타 수	확 인

실행하기

1. 가젯 표시하기

가젯이란? 사용자의 컴퓨터 바탕화면에 놓을 수 있는 응용 프로그램입니다.
1. [시작] – [모든 프로그램] –[바탕화면 가젯 갤러리] 클릭합니다. 또는
2. 바탕화면에서 마우스 오른쪽 단추를 누르고 '가젯'을 클릭합니다.

2. 스티커 메모 사용하기

스티커 메모는 포스트잇처럼 간단한 메모를 작성 할 수 있습니다
[시작] – [모든 프로그램] –[보조프로그램] – [스티커 메모]를 실행합니다.

갖고 놀기

1. 바탕화면에 가젯 표시하기

표시할 가젯을 마우스로 더블클릭하면 바탕화면에 표시됩니다.

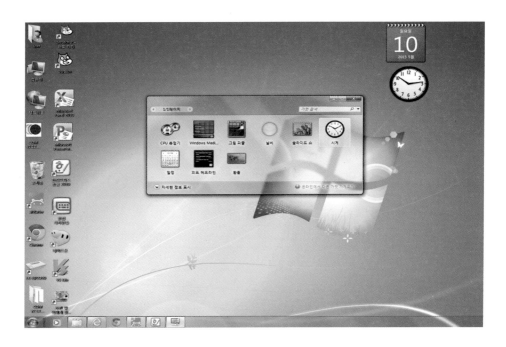

2. 바탕화면에 스티커 메모 표시하기

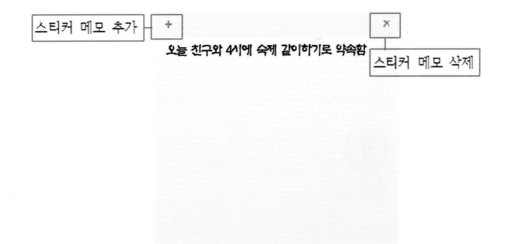

 더 생각하기

가젯 변형하기

1. 퍼즐 11개 중에서 임의의 퍼즐을 골라 맞추어 보세요.
2. 시계 초침을 만들어 보고 모양도 바꾸어 보세요.
3. 달력을 월과 일이 나오도록 해보세요.

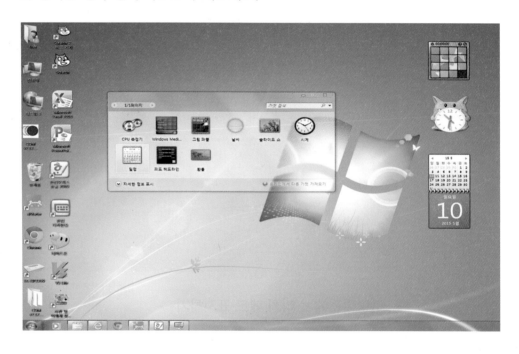

메모

part.18 친구야 게임하자!!

윈도우 보조프로그램에 있는 게임으로 친구와 게임을 할 수 있습니다.

▶ 케이크 만들기 게임하기
▶ 체스 타이탄 게임하기

오늘의 타자 연습

날 짜	단 계	타 수	확 인

 실행하기

퍼블 플레이스 케이크 만들기 게임하기

1. [시작] – [모든 프로그램] – [게임] – [Purble Place]를 클릭합니다.
2. 퍼블 플레이스 시작 화면이 나타나면 게임을 할 수 있습니다.
3. 왼쪽 집을 클릭하면 같은 그림을 찾기 게임을 할 수 있습니다.
4. 가운데 집을 클릭하면 케이크 만드는 게임을 할 수 있습니다.
5. 오른쪽 집을 클릭하면 얼굴 찾기 게임을 할 수 있습니다.

Logical Thinking

게임하는 방법은 선생님과 함께 찾아보세요.

갖고 놀기

1. 같은 그림 찾기 게임하기 – 난이도 초급으로 하기

2. 케이크 만들기

3. 얼굴 찾기 게임하기 – 난이도 초급으로 하기

 더 생각하기

체스 타이탄 게임하기

[시작] – [모든 프로그램] – [게임] – [Chess Titans] 게임하기

▶ 게임설명서

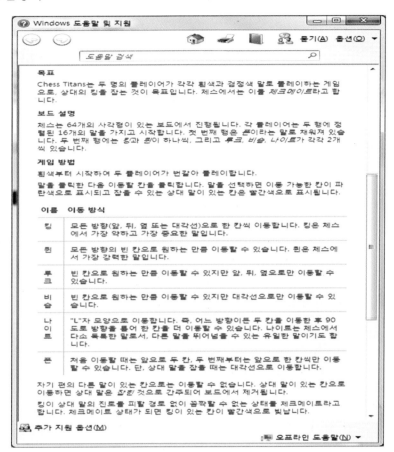

메모

Part.19 화면캡처

캡처란 컴퓨터의 원하는 영역을 그림으로 만드는 작업을 말합니다. 필요한 부분만 캡처해서 이미지 작업을 만들어 봅니다.

▶ 캡처 도구 사용하기
▶ 인터넷 이미지 캡처하기

오늘의 타자 연습

날 짜	단 계	타 수	확 인

실행하기

1. 캡처 도구 알아보기

[시작]– [모든 프로그램] –[보조프로그램] – [화면캡처]를 실행합니다.

2. 화면캡처 도구 사용하기

캡처가 실행되면 화면 전체가 흐려지면서 마우스 포인터가 십자(+)형태로 변합니다.
이미지를 캡처할 경우 캡처할 영역을 마우스로 드래그 합니다.

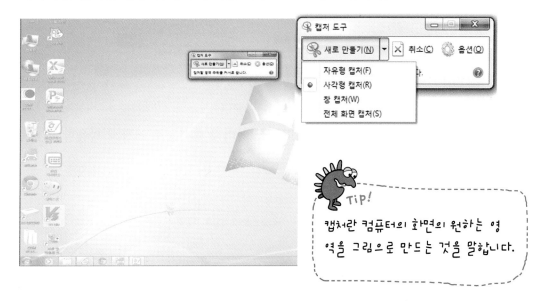

Tip!

캡처란 컴퓨터의 화면의 원하는 영
역을 그림으로 만드는 것을 말합니다.

갖고 놀기

화면캡처로 그림 만들기

1. 캡처가 실행되면 화면 전체가 흐려집니다.
2. 마우스 포인터가 십자(+)형태로 변합니다.
3. 이미지를 캡처할 경우 캡처할 영역을 마우스로 드래그 합니다.

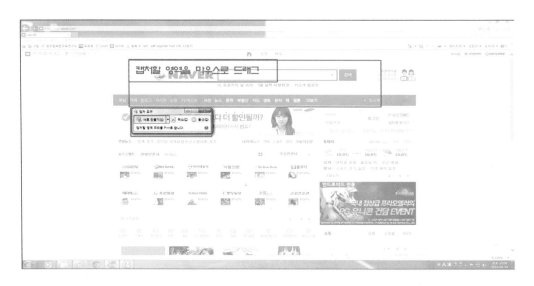

4. 다음과 같이 드래그한 영역이 그림으로 캡처됩니다.

5. 캡처된 그림은 다양한 이미지 형식으로 저장해 사용할 수 있습니다.

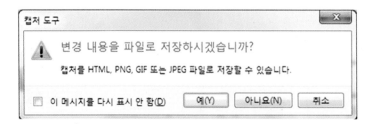

더 생각하기

인터넷 그림을 캡쳐 가져오기

1. 인터넷 '나비'를 이미지 검색합니다.
2. '나비' 이미지창이 나오면 [시작] – [보조프로그램] – [캡처 도구]를 실행합니다.
3. 마음에 드는 나비를 드래그하여 이미지로 캡처합니다.

무대 배경과 스프라이트로 멋진 스크래치를 꾸며 보세요.

Part. 20

색칠 놀이 1

윈도우에서 제공하는 그림판은 그림을 그리거나 편집할 수 있는 프로그램입니다. 그림판 구성요소에 대해 알아봅니다.

▶ 그림판 사용기능 익히기
▶ 그림 복사하고 이동하기
▶ 그림 퍼즐 만들기
▶ 도형으로 바다풍경 만들기

오늘의 타자 연습

날 짜	단 계	타 수	확 인

실행하기

그림판 사용하기

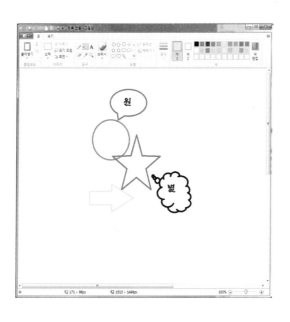

그림판은 간단한 그림 그리기와 편집, 그림 불러오기 등을 할 때 사용하는 프로그림입니다.
1. [시작] – [모든 프로그램] – [보조프로그램] – [그림판]을 실행합니다.
2. 도형의 종류, 선의두께. 색상, 텍스트 등을 선택한 후 그립니다.

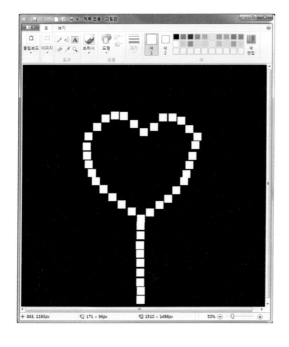

3. 지우개로 만든 작품입니다.

갖고 놀기

1. 그림을 회전하기

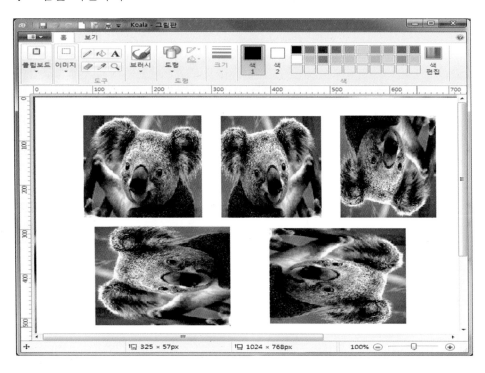

2. 그림을 선택 툴로 그림퍼즐 만들기

더 생각하기

1. 그림판에서 바다 풍경을 그려보세요.

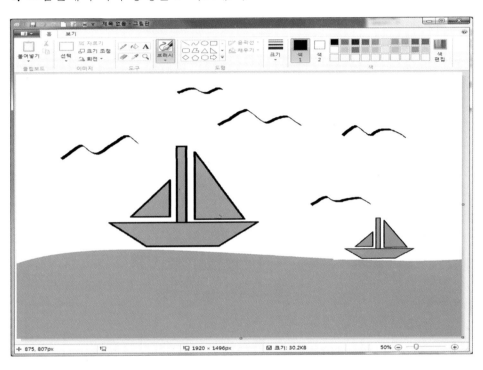

2. 그림판에서 자유롭게 그림을 그려보세요.

메모

part.21

색칠 놀이 2

윈도우에서 제공하는 그림판은 그림을 그리거나 편집할 수 있는 프로그램입니다. 인터넷 그림을 가져와 색칠하고 배경으로 설정하는 방법을 알아봅니다.

▶ 인터넷 그림 가져오기
▶ 그림판 이용하기
▶ 색칠하기
▶ 배경그림으로 설정하기

오늘의 타자 연습

날 짜	단 계	타 수	확 인

실행하기

인터넷 그림 가져오기

1. 인터넷 익스플로러 주니어네이버 실행합니다.
2. '주니어 네이버' 서비스 더 보기를 클릭하여 [동물농장] – [동물학교] 클릭합니다.
3. '색칠하기'를 클릭하고 마음에 드는 그림을 선택합니다.

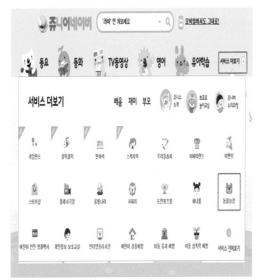

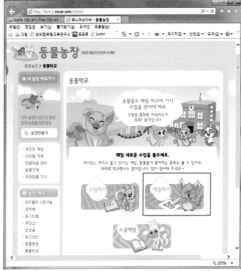

 갖고 놀기

동물농장 그림 저장하기

1. 마음에 드는 그림 클릭합니다.
2. 파일로 저장하기를 클릭합니다.
3. 저장의 '▼'를 선택하여 다른 이름으로 저장을 클릭하고 라이브러리 – 사진에
   저장합니다.

저장된 그림 가져와 색칠하기

1. [시작] – [모든 프로그램] – [보조프로그램] – [그림판]을 실행합니다.
2. 그림판 단추인 ▇▾을 클릭해 열기로 그림을 가져와 색칠을 합니다.
   바탕화면의 컴퓨터 – [라이브러리] – [사진]에서 저장한 그림 가져옵니다.
3. '색 채우기'로 예쁘게 색칠해줍니다.

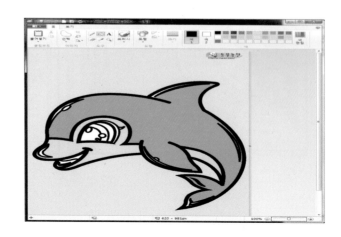

더 생각하기

완성된 그림 배경 그림으로 설정하기

1. 그림판 단추인 ▊▾ 을 클릭해 [바탕화면 배경으로 설정]합니다.
2. 저장 창이 나오면 저장을 합니다.
3. 바탕화면이 돌고래 배경으로 바뀌었습니다.
4. 귀여운 동물농장 친구들을 그림판에 불러와 색칠해 봅니다.
5. 화면 캡처도구로 인터넷 색칠놀이 그림을 가져와 색칠해 봅니다.

Tip!

★ 그림을 저장, 인쇄, 배경그림으로 지정할 수 있습니다.
★ 그림을 복사, 붙여넣기, 선택영역 자르기 등을 할 수 있습니다.
★ 그림을 대칭, 이동, 회전, 늘이기, 기울이기를 할 수 있습니다.
★ 여러 가지 색을 만들어 사용할 수 있습니다.

Part.22 마우스 포인터의 변신

마우스는 윈도우에서 대표적인 입력 장치입니다. 마우스의 동작 방법과
포인터의 모양 등을 편리하게 사용하는 방법을 배워봅니다.

▶ 마우스 모양 기능 알기
▶ 마우스 포인터 설정하기
▶ 마우스 포인터 옵션 설정하기

오늘의 타자 연습

날 짜	단 계	타 수	확 인

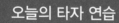

실행하기

마우스 포인터 모양과 기능 알아보기

1. 마우스는 윈도우에서 대표적인 입력장치로 마우스 동작 방법과 포인터 모양 등 편리하게 사용하는 방법을 알아봅니다.
2. 마우스 포인터 모양은 상황에 따라 다양하게 변화됩니다.
3. 모양에 따른 기능의 의미는 다음과 같습니다.

마우스모양	기능
▷	마우스의 일반적인 모양 입니다.
○	현재 작업이 진행 중입니다.
＋	도형을 그리거나 정밀도 선택 시 사용 합니다.
Ｉ	글자를 선택하거나 입력할 때 사용 합니다.
↔ ↕ ⤢ ⤡	수직, 수평, 대각선 방향으로 창의 크기를 조절 합니다.
✤	창의 위치를 이동할 때 사용 합니다.

마우스 단추 설정하기

1. [시작 메뉴]의 오른쪽 항목 중 [제어판]을 실행 후 [하드웨어 및 소리] 항목을 클릭합니다.
2. [장치 및 프린터]항목 중[마우스]항목을 클릭합니다.

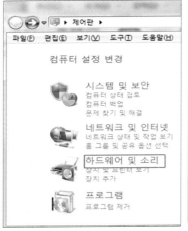

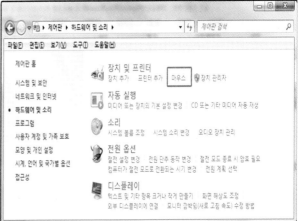

갖고 놀기

마우스 단추 왼쪽 오른쪽 바꾸어 보기

[마우스 속성] 대화상자의 [단추]탭에서 마우스 단추의 관련한 다양한 설정을 할 수 있습니다.

1. 마우스 단추를 왼쪽 오른쪽 바꾸어 보세요.
   왼쪽 오른쪽 바뀌었네요. 클릭이 잘되나요?
2. 마우스 더블 클릭 속도를 조절해 보세요.
   더블 클릭을 빠름으로 해 놓으면 더블클릭이 무척 힘들답니다.
3. 제자리로 돌리려고 합니다. 여러분이 기본 마우스로 만들어 주세요.

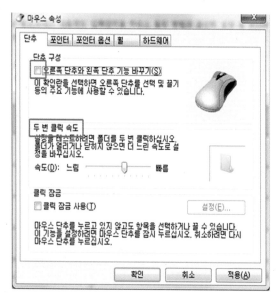

마우스 포인터 설정하기

[포인터] 탭에서는 마우스 포인터의 모양을 [구성표]에서 선택함으로써 변경할 수 있습니다.

더 생각하기

마우스 포인터 옵션 설정하기

[포인터 옵션] 탭에서는 마우스 포인터의 이동 속도, 마우스 포인터의 자국 표시, 마우스 포인터의 위치확인 표시 등 다양한 설정을 할 수 있습니다.

여러분이 직접 해보고 이야기 해 보세요.

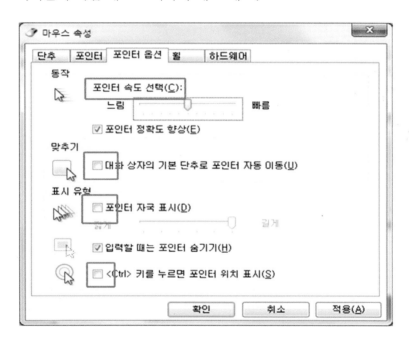

마우스 포인터로 작업 아이콘 위치 이동하기

여러 프로그램을 열어 놓고 마우스로 이동 작업아이콘을 이동시며 보세요.

Part.23 애니메이션 만들기

한글 프로그램 그리기 마당을 활용하여 이미지를 편집하고 애니메이션을 만들어 봅니다.

▶ 한글 프로그램 활용하기
▶ 그리기 마당 활용하기
▶ 개체 풀기와 개체 묶기
▶ 개체 회전하기

오늘의 타자 연습

날 짜	단 계	타 수	확 인

실행하기

한글 프로그램의 그리기 마당 활용하기

1. [시작] – [한컴 오피스 한글 2010] 실행합니다.

2. [입력] – [그리기마당] 클릭합니다.

3. 그리기 조각 탭에는 여러 가지 그림이 있습니다.

4. [그리기 조각] – [전통(전래동화)]를 선택합니다.

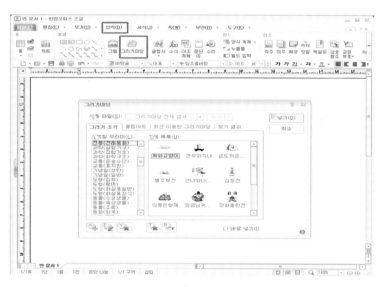

5. 개와 고양이를 선택하고 넣기를 합니다.

6. '+' 모양이 나오면 드래그하여 그림을 그립니다.

갖고 놀기

개체 풀기와 회전하기

1. 메뉴 도형 탭의 개체풀기 또는 그림에서 마우스 오른쪽 개체 풀기 합니다.

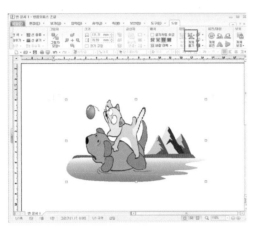

2. 개체 풀은 모습과 개체 회전 한 모습

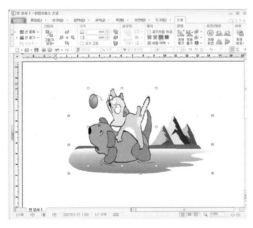
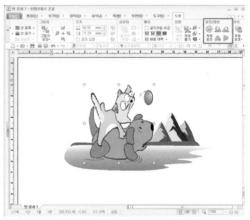

Tip!
★ 개체가 선택되어 있어야 메뉴 도형이 나타납니다.
★ 개체를 풀어서 여러 개로 선택이 표시가 되면 바깥 쪽 빈곳을 클릭하여야 선택
이 해제됩니다.

애니메이션 만들기

개체를 풀고 이동 편집 하여서 애니메이션 만든 후 개체 묶어 보기

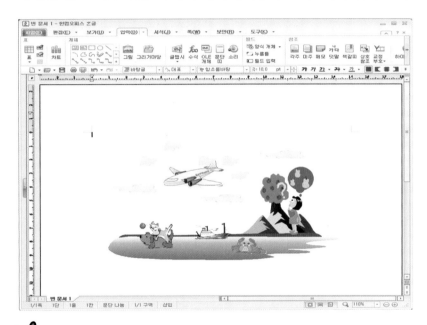

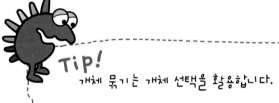

Tip!

개체 묶기는 개체 선택을 활용합니다.

그리기 마당을 활용하여 나만의 애니메이션 만들기

메모

▶ 나비 흔적 만들기
▶ 학교종이 연주하기
▶ 평가문제

오늘의 타자 연습

날 짜	단 계	타 수	확 인

실습 예제

1. 나비가 움직일 때마다 흔적을 남겨 두기

나비가 움직일 때마다 흔적을 남기고 싶어요. 어떤 블록을 사용해야 흔적이 남을 까요?
여러분이 만들어 보세요.

사용할 블록 : 클릭되었을 때, 지우기, 무한반복, 펜 내리기, 펜 색깔을 10만큼 바꾸
기, 10만큼 움직이기, 벽에 닿으면 튕기기

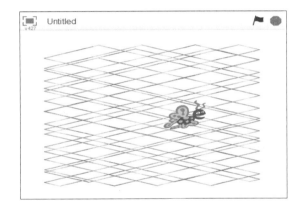

2. 소리 팔레트의 [60번 을을 0.5 박자로 연주하기]를 이용하여 학교종이 연주하기

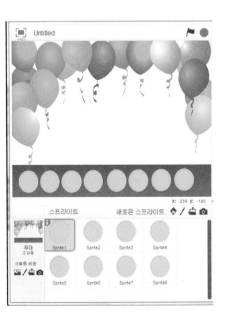

솔솔라라 솔솔미 솔솔미미레
솔솔라라 솔솔미 솔솔레미도

평가문제

1. 다음 블록은 어느 팔레트에 있는 블록일까요?

메모